João Batista Diniz Ferreira

Dostoiévski e a Filosofia da Existência

João Batista Diniz Ferreira

Dostoiévski e a Filosofia da Existência

Breve ensaio de literatura e filosofia para os dias atuais

CREDO EDICIONES

Imprint

Cover image: www.ingimage.com

Publisher:
CREDO EDICIONES
ist ein Imprint der / is a trademark of
International Book Market Service Ltd., member of OmniScriptum Publishing Group
17 Meldrum Street, Beau Bassin 71504, Mauritius

Printed at: see last page
ISBN: 978-613-1-49784-1

JOÃO BATISTA DINIZ FERREIRA

DOSTOIÉVSKI E A FILOSOFIA DA EXISTÊNCIA

JUIZ DE FORA -MG -2018

SINOPSE

O presente trabalho tem a incumbência de desenvolver um estudo da vida e principalmente da obra do célebre escritor russo Fedor Mikhailovith Dostoiévski, identificando pontos de influência deste no pensamento contemporâneo, particularmente no que diz respeito à filosofia da existência. Através da análise do crítico literário Mikhail Bakhtin na sua obra *Problemas da poética de Dostoiévski* estudamos o conceito de polifonia, que vem a ser um marco na concepção moderna do romance e que prova o quanto os personagens dostoievskianos caracterizam-se como indeterminados, indefinidos, peculiar genialidade desse escritor russo. Para esta tarefa servimo-nos de uma investigação da vida desse escritor, bem como da peculiaridade de seu romance polifônico, a partir de duas obras: *O Duplo* e *Memórias do subterrâneo*. Procuramos detectar a partir desta última uma enorme caracterização de suas obras ante as principais temáticas filosóficas que os dias atuais suscitaram enquanto questões da filosofia da existência, a saber: o niilismo, o anti-racionalismo, o absurdo, aproximando-o assim, sobretudo de dois eminentes pensadores existenciais, a citar; Jean-Paul Sartre e Albert Camus. No geral podemos entender que a obra do escritor russo tem ampla ligação com a contemporaneidade, pois os problemas que ele suscita em sua produção literária estão diretamente ligados à nossa condição nos tempos modernos: as suas obras, verdadeiras criações artísticas, abrangem um vasto campo do conhecimento humano, interessando-nos como fonte para várias reflexões, dentre elas, a filosófica.

AGRADECIMENTOS

A Deus, por ser a fonte de onde tudo emana e por estar acima das ciências e da razão.

Aos formadores do Seminário São Jose de Sobral que me acompanharam nesses últimos anos: Pe. Eudes, Pe. Júnior, Pe. Magalhães e Pe. João Frota, pela paciência e dedicação na missão a eles confiada.

Aos Excelentíssimos Reverendíssimos Senhores Bispos: Dom Aldo e Dom Antônio Fernando.

A todos os professores do curso de Filosofia da UEVA, pela coragem e dedicação, o que os torna especiais.

Aos funcionários da Coordenação do Curso de Filosofia que tão bem me atenderam quando lhes solicitei.

Aos colegas que conheci ao longo do Curso e das pastorais, dos quais lembro: Odilon, Lira, Ivonete, Geísa, Sheila, Renato, Reginaldo e a todos que têm esperança.

A mais de uma centena de seminaristas que durante os últimos seis anos dividem comigo os mesmos sonhos e objetivos missionários.

A todos os alunos do curso de filosofia que insistem em cursá-lo, mesmo sabendo que não ganharão muito em dinheiro com sua determinação.

A todas as comunidades nas quais atuei nestes anos, de onde parti muitas vezes sem deixar quase nada, mas levando muitos de seus ensinamentos.

A todos os que me ajudaram apenas perguntando sobre o desenvolvimento do trabalho, às vezes com incertezas e outras com incentivos.

Todos os heróis de Dostoiévski se interrogam sobre o sentido da vida. É nisso que eles são modernos: não temem o ridículo.

Albert Camus.

Não só me enganei em tornar-me mau, como também não cheguei a ser nada; nem mau, nem bom, nem infame nem honesto, nem herói nem pigmeu. Agora termino os meus dias no meu canto, com esse maligno e vão consolo de que um homem inteligente não pode conseguir abrir caminho e que só os néscios o conseguem. Sim meus senhores o homem do século XIX tem a obrigação moral de ser uma nulinidade; pois o homem de têmpera, o homem de ação, de maneira geral é de vistas curtas.

Dostoiévski – *O Homem do Subterrâneo.*

Se alguma vez a *Critica da Razão Pura* pôde ser escrita, é em Dostoiévski quem se deve procurar, em *As Memórias do Subterrâneo* e nos grandes romances que saíram dela. O que Kant nos deu sob este título não é a crítica, é a apologia da razão pura.

Lev Chestov (filósofo existencialista russo).

SUMÁRIO

INTRODUÇÃO

O Presente trabalho tem por objetivo desenvolver um estudo da obra do escritor russo Fiódor Mikháilovitch Dostoiévski e identificará mais particularmente alguns pontos de contato entre sua produção e problemas urgentes de nossa época, tais quais a fragmentação do indivíduo, e sua angústia existencial. Por isso encaminhamos nossa reflexão para uma análise da influência de nosso autor no movimento filosófico existencial do século XX.

O Trabalho está dividido em Três Capítulos. O Primeiro Capítulo (Um Escritor Polifônico) faz uma exposição da vida e das obras de Dostoiévski (ponto 1 do Capítulo Primeiro — Vida e Obra de Fedor Mikhailovitch Dostoiévski), procurando oferecer uma visão ampla de como se deu o desenvolvimento de seu pensamento, bem como uma análise do conceito de Polifonia (ponto 2 do Capítulo Primeiro — O Conceito de Polifonia em Dostoiévski) a partir da obra do crítico soviético Mikhail Bakhtin na obra *Problemas da poética de Dostoiévski*.

A análise do romance polifônico, aqui incluída, visa detectar o modo como se dá a sua inclusão como romance filosófico, averiguando o quanto esse novo caráter de fazer romance, onde um só personagem tem características diversas e contrastantes, vai determinar a amplitude do mesmo frente ao romance moderno.

O Segundo Capítulo (Os Desdobramentos da Personalidade Humana) se constituirá (ponto 1 do Capítulo Segundo — *O Duplo*) de uma análise crítica de sua segunda obra *O Duplo*, por ser uma das primeiras obras nas quais o autor revela-se como um escritor com abordagens profundas da personalidade humana e por ser esta obra o anúncio da figura do *homem do subterrâneo*. As *Memórias do subterrâneo* servirão como base para este trabalho (ponto 2 do Capítulo Segundo — As *Memórias do Subterrâneo*: Prenúncio dos Romances Filosóficos), pois devido a sua crítica profunda à contemporaneidade, o homem do subterrâneo acaba por revelar a segunda fase do escritor em que temos os romances repletos de temas filosóficos como *Crime e Castigo*, *Os Demônios*, *Os Irmãos Karamázovi*, entre outros.

O Terceiro Capítulo (Dostoievski e a Vida Presente) trata da relação de Dostoiévski e a sua estrita ligação com o contexto moderno da filosofia, e está dividido em critica à razão como anuncio da contemporaneidade (ponto 1 do Capítulo Terceiro — Dostoievski e o Anúncio da Contemporaneidade) e a sua influência na filosofia da existência (ponto 2 do Terceiro Capítulo — Dostoievski e a Filosofia da Existência).

A investigação dessa influência se dará a partir dos filósofos franceses Jean-Paul Sartre (1905-1980) e Albert Camus (1913-1960). Embora o filósofo alemão Friedrich Nietzsche (1844-1900), seja tido como um dos precursores da filosofia da existência, e ter uma grande admiração por Dostoiévski, é citado aqui mais brevemente por uma questão de delimitação da discussão.

Ao findarmos as considerações deste trabalho, visando uma maior compreensão de que foi desenvolvido nos Três Capítulos anteriores, apresentaremos uma breve consideração acerca do todo do trabalho. Esta servirá como conclusão da temática abordada, bem como a apresentação de novas perspectivas sobre o tema.

Esperamos que este trabalho atinja o seu principal objetivo que é o de mostrar a grandeza do pensamento de Dostoiévski, frente a algumas das principais correntes filosóficas contemporâneas. E assim despertar cada vez mais o interesse dos leitores de várias categorias, para um contato com este Artista-Filósofo-Psicólogo.

CAPÍTULO I – UM ESCRITOR POLIFÔNICO

Neste Capítulo Primeiro faremos uma abordagem da vida e das obras de Dostoievski, bem como uma análise de sua inovação artística, o pensamento e o romance polifônicos. Tal análise nos servirá como base de apoio para a compreensão posterior da importância da produção de Dostoiévski como ilustre antecipação da compreensão de fragmentação de nossa época contemporânea.

1.1. VIDA E OBRA DE FIÓDOR MIKHAILOVITCH DOSTOIÉVSKI

Aquele que havia de ser um dos maiores romancistas de todos os tempos (somente se lhe comparam em grandeza literária, Homero, Cervantes, Shakespeare, Goethe, Balzac, Victor Hugo e Tolstoi) nasceu num hospital para pobres, em Moscou, a 30 de novembro de 1821. Era o segundo filho de Maria Fiodorovna, com o doutor Mikhail Andrevitch Dostoiévski.

A infância foi triste e sombria ao lado do pai severíssimo e da mãe doentia e melancólica, naquele ambiente pesado e tristonho que compreendia o hospital. Aos 12 anos começou seus estudos com um francês chamado Souchard, aprendendo aritmética, gramática e a língua francesa.

Pouco anos depois, no outono de 1834 ingressa juntamente com o irmão Mikhail no Liceu de Tchermak, em Moscou. Nessa escola para Nobres, Dostoiévski tem seu primeiro contanto com a literatura Universal. Lia muito Balzac, Walter Scott, Dickens, George Sand, Victor Hugo, porém dedicando-se especialmente à leitura dos grandes escritores russos, como Puchkin, considerado por ele como *o poeta nacional russo*.

Três anos depois (1837) faleceu sua mãe Maria Fiodorovna, contando ele com apenas 16 anos; esse acontecimento deixou marcas profundas no espírito do menino e do adulto Dostoiévski.

No ano seguinte, a 16 de janeiro de 1838, ingressa na Escola de Engenharia Militar de São Petersburgo, de onde sai em 1843, como subtenente. Um ano após ingressar na Escola (1839), recebe a notícia do falecimento do pai, O Doutor Mikhail. Para Dostoiévski a morte do pai foi uma espécie de Libertação, ao passo que a imagem materna cada vez mais se aprofundava em seu espírito.

Esse desprezo de Dostoiévski para com o pai levou o pensador Sigmund Freud, fundador da psicanálise, a levantar a hipótese de que Dostoiévski teve a intenção de matar o pai, influenciado por seu Complexo de Édipo, devido à severidade daquele para com os filhos e principalmente com a mãe Maria Fiodorovna, sem contar o mau tratamento que era dispensado aos servos da aldeia de *Doravóie.*[1] Para Freud, no seu artigo denominado *Dostoiévski e o parricídio (1928),* "O caráter do pai permanece o mesmo; piora com o tempo. O ódio de Dostoiévski mantém-se, bem como o seu desejo de matar seu mau pai". Estas considerações podem até ter um caráter real, pois o mesmo trata do parricídio de modo explicito nos *Irmãos Karamazovi,* dentre outras obras; porém para Joseph Frank esta e outras afirmações de Freud, são provindas de uma visão pretensiosa de Freud em relação a *Dostoiévski*[2].

Por ocasião da visita de Balzac a São Petersburgo, Dostoievski entusiasma-se e resolve então traduzir *Eugenia Grandet*, que faz publicar em 1844, no Diário Repertorio e Panteon.

No ano seguinte (1845), contando então com 25 anos, começa a escrever seu primeiro romance, *Os Pobres Diabos* (ou *Pobre Gente*), que ainda em manuscrito merece os louvores entusiásticos de Bielinski, o grande crítico da época (para ele o romance revelava aspectos secretos do povo russo, com os quais ninguém sequer havia sonhado antes), e de Nekreasov, diretor da revista literária *O Contemporâneo.*

O romance é finalmente publicado em 1846, e no mesmo ano tentando levantar de vez a sua carreira literária, publica sua segunda obra denominada *O Duplo*, na qual revela de forma inédita o desdobramento da personalidade de um individuo (no caso o Sr.

---

1 A severidade do pai de Dostoiévski para com os servos segundo alguns biógrafos de Dostoiévski, dentre eles Joseph Frank com base em relatos da filha de Dostoiévski, levou estes a assassinarem o doutor Mikhail no ano de 1839.

2 Segundo **Joseph Frank**, "Freud pode ter se sentido ofendido pelas complexas análises da natureza humana, empreendida por Dostoiévski. Cf. FRANK, Joseph. *Dostoiévski: as sementes da revolta*, Apêndice, pp. 469-484.

Goliadkin), e que dará suporte para o mesmo desenvolver na sua segunda fase (1860-1881) os seus grandes romances inovadores, denominados de Polifônicos.

Em 1847, passa então a freqüentar as reuniões do Circulo Revolucionário De Petranschevski, grupo de socialistas utópicos, tornando-se assim suspeito pelas autoridades, como perigoso conspirador contra o sistema Czarista. Esse envolvimento lhe rendeu a prisão juntamente com os outros conspiradores, a 23 de abril de 1849. Passou pelo julgamento em novembro do mesmo ano, sendo condenado a morrer diante de um pelotão de fuzilamento, essa certeza da determinação da morte, porém, ficou valendo até o último instante, quando os condenados já se encontravam diante dos soldados em posição de atirar.

Foi nesse instante que souberam que se tratava de uma farsa e que o imperador Nicolau I, com seu paternalismo havia comutado a verdadeira pena a trabalhos forçados na Sibéria (por quatro anos, seguidos de seis de caserna). Dostoiévski conta-nos no *Diário de um escritor*[3] o que significaram esses minutos em que esteve amarrado ao poste de execução e que julgou serem os últimos de sua vida. Dividiu, portanto em duas partes o tempo de permanência na terra: dois minutos para se despedir dos amigos, outros dois para refletir sobre o que será a morte e olhar o mundo pela ultima vez. Sobre a possibilidade de não ser efetivada a sua morte ou até mesmo recomeçar a vida na eternidade; "jurou que aproveitaria cada segundo, cada minuto valeria enquanto um século e não deixaria se perder um sequer", vem a escrever n'*O Idiota* (1867). Para o crítico brasileiro Regis de Morais, embora com a condenação suspensa e as penas comutadas, assim como vem a acontecer com Dostoiévski, "nenhum daqueles homens condenados seria mais o mesmo depois daquela hora"[4].

Depois de cumprir os quatro anos de trabalhos forçados na Sibéria, em fevereiro de 1854, o escritor permanece ainda por lá alguns anos trabalhando como Soldado na Cidade de Semipalatinski. É nesse mesmo período que escreve anotações para *Recordações da Casa Dos Mortos* (1855), onde suas experiências na prisão em Omsk seriam contadas; obra que retrata a vida humana na prisão e analisa a extrema Irracionalidade a que pode chegar o homem na busca por liberdade. Neste mesmo período escreve duas novelas, *O Sonho do Tio e A Granja de Strepantchikovo* nos quais

---

3 **DOSTOIÉVSKI, F.M.** *Obra Completa* (Vol. I), p-36.
4 **MORAIS, Regis de.** *Dostoiévski: o operário dos destinos,* p-18.

satiriza o sonho de liberdade após quatro anos no presídio.

Em 1856, ainda na Sibéria, casa–se com a viúva Maria Dmitrievna, mulher tuberculosa e de temperamento exaltado. Na noite do casamento Dostoiévski sofre um tremendo ataque de epilepsia, o que aumentará a decepção de sua noiva que desde o primeiro casamento sente-se decepcionada pela má sorte, tendo em vista que o primeiro marido veio a morrer de cirrose causada pelo alcoolismo. Vem esta a falecer em fevereiro de 1864 após uma prolongada agonia. Neste ano Dostoiévski escreve suas *Memórias do Subterrâneo*.

Em 1861 retorna Dostoiévski da grande experiência na Sibéria para São Petersburgo, onde começa a sua segunda, mais brilhante e mais fecunda fase criadora. Fundou neste mesmo ano, juntamente com o irmão Mikhail, de quem era muito amigo, a revista *Vriémia* ou *O Tempo*, em cujas páginas discorrera sobre os destinos principalmente da Rússia. Devido a um dos artigos de um de seus colaboradores, dentre eles estava Turgueniev[5], a revista sofrerá censura, o que resultará na suspensão da publicação. Após a proibição da publicação da revista *O Tempo*, Dostoiévski lança outra revista, *A Época*, que também é interditada por motivos políticos.

Foi na revista *O Tempo* que Dostoiévski publicou a sua primeira obra após o período siberiano de dez anos, *Humilhados e Ofendidos* (1861), que não restaurou sua fama, mas que é uma primeira tentativa de expor os perigos morais que se escondem atrás das idéias radicais. O seu êxito literário veio a se restabelecer definitivamente, embora não como ele merecia, com a publicação de *Recordações da Casa dos Mortos* (1862), pois, surgiu na Rússia o boato de que o Imperador chorou ao ler esta obra.

Seguem-se neste mesmo período As Memórias do Subterrâneo (1864), *Crime e castigo* (1866), além de *O Jogador* (1866), *O Idiota* (1868), *O Eterno Marido* (1869), *Os Demônios* (1871-72), O Adolescente (1875), *O Diário dum Escritor* (1873-77) e finalmente *Os Irmãos Karamázovi* (1880), em todas abordando temas éticos e metafísicos fundamentais do seu espírito, que vão sendo desenvolvidos de maneira cada vez mais consciente.

---

[5] Que se tornará um grande opositor de Dostoiévski, principalmente no que concerne a europeização da Rússia, ante a qual Dostoiévski se mostra totalmente contrário, enquanto aquele é a favor do processo, chegando inclusive a adotar a cidadania alemã.

Em 1862 empreendeu sua primeira viagem a Europa, passou por vários países dentre eles França e Alemanha. Em Paris Dostoiévski encontra-se com sua grande paixão e aventura amorosa; a estudante Paulina Súslova.

Na Alemanha Dostoiévski é atraído por sua outra grande paixão, que é O Jogo, aonde chega a perder cerca de 3.000 francos e é obrigado a empenhar alguns bens seus e de Súslova. Essa primeira viagem resultou na obra *Notas de Inverno Sobre Impressões de Verão (1863)*, na qual relata suas sátiras em relação aos paises europeus visitados. A obra *O Jogador* (1866) é outra resultante em parte das experiências com o Jogo que o escritor viveu nos vários paises europeus (tem caráter autobiográfico). Esta obra o escritor teve que terminá-la em menos de um mês, devido a contratos com editores.

O segundo casamento de Dostoiévski surge do seu relacionamento com a estenógrafa Anna Grigórievna Snitkin que havia sido contratada para transcrever seus romances *O Jogador* e *Crime e Castigo*. O Casamento aconteceu em fevereiro de 1867, tendo em vista que os dois estabeleceram uma simpatia mútua, mesmo com uma diferença de mais de vinte anos de Dostoiévski para Anna. Com a segunda esposa Dostoiévski viveu com um pouco de tranqüilidade e calma, o que foi essencial para o desenvolvimento de suas futuras obras.

O *Diário de um Escritor*, obra escrita quando Dostoiévski ocupava o cargo de diretor de redação do Jornal *O Cidadão,* de propriedade do *Príncipe Mieklúsk,* é considerado também uma obra jornalística. Seus escritos nos dão as idéias maduras do escritor acerca de vários temáticas como religiões, políticas, sociais, dentre outros. Além de ser um novo gênero literário inaugurado por este, esta obra rendeu a Dostoiévski grande êxito literário, pois o numero de cartas que o mesmo passou a receber, com comentários sobre os temas que o mesmo tratava cotidianamente no jornal, foi muito significativo.

Um ano antes de sua morte, publica a última e mais complexa de suas obras, *Os Irmãos Kamarázovi* (1880), compreendendo um vasto mural onde os problemas da sedução, da existência de Deus, das responsabilidades morais, da expiação dos pecados e das influências do meio sobre a psicologia do indivíduo, dentre outros, são abordados por esta obra de trama magnífica, e de riquezas psicológicas, filosóficas e teológicas.

Considerada a apoteose gloriosa da sua vida de escritor, a partir daqui tão admirado quanto os maiores romancistas russos da época como Turgueniev e Tolstoi.

Na tarde do dia 28 de janeiro de 1881 o escritor vem a falecer de uma generalizada hemorragia pulmonar, deixando inacabado o seu grande projeto *A Vida De Um Grande Pecador*, obra a qual constituiria juntamente com os *Irmãos Karamázovi*, a síntese de todo seu pensamento, ou seja, "a prova da existência de Deus", problema este que lhe atormentara a vida inteira, consciente e inconscientemente. Como podemos constatar em trecho de carta dirigida à senhora *Fonvijin*, que lhe havia doado uma Bíblia quando o mesmo estava a caminho do Presídio de Omsk na Sibéria : *"Se me provasse que Cristo está fora da verdade, e se realmente ficasse estabelecido que a verdade está fora de Cristo, eu preferiria Cristo à verdade"*[6].

Seu funeral foi acompanhado por uma multidão de pelo menos 20 mil pessoas, dando a prova do reconhecimento de seu gênio criador, enquanto um escritor genuinamente russo.

A obra e as idéias de Dostoiévski traduzem perfeitamente o drama dos homens contemporâneos em contato com toda a civilização ultramoderna, que é por sua vez, tão carregada de problemas, de dúvidas e de incertezas.

1.2. O CONCEITO DE POLIFONIA EM DOSTOIÉVSKI

Na introdução de sua grande obra acerca de Dostoiévski, denominada *Problemas da poética de Dostoiévski*, Mikhail Bakhtin esclarece o seu ponto de vista sobre este autor, afirmando que o mesmo é um inovador no campo artístico ao criar com suas obras o pensamento considerado de modo geral por tipo polifônico[7]. Para ele, este novo tipo de

---

6 **DOSTOIÉVSKI, F**. *Obra Completa* (Vol – I), p-39.

7 Poli, muitas, *Fones,* vozes (reunião simultânea de vozes). Para Mikhail Bakhtin, Dostoiévski não é somente um romancista (que, aliás, abordou dentre outros temas, psicologia e filosofia), filósofo ou jornalista... Mas antes de qualquer denominação vaga, ele tratará este enquanto um artista capaz de versar acerca de muitos dos problemas do Pensamento Universal (p.1).

produção no campo literário e artístico em geral, quebrou paradigmas em toda a tradição européia. Além, é claro, de causar transformações significativas na produção posterior tanto no contexto europeu quanto no mundial.

Bakhtin faz questão de frisar que seu estudo sobre Dostoiévski tem como um dos objetivos a contribuição deste para vários campos do saber, partindo da sua poética[8], que embora sendo um ponto específico, abrange o conjunto da produção artística desenvolvida amplamente. Para Bakhtin, Dostoiévski deve ser tomado enquanto um artista com posição especial frente aos demais, pois ele abrange os princípios gerais da própria *criação literária*[9] desde sua origem, isto é, quando se tem como referência a atualidade.

Na tentativa de abordar de maneira ampla dos diversos comentários críticos acerca da obra Dostoiévski, Bakhtin assegura que a visão mais corrente é de que nos discursos dos personagens presentes nas diversas obras, tem-se a impressão de que os discursos destes são verdadeiros conjuntos filosóficos,[10] ou seja, em cada uma das obras, são desenvolvidas teorias filosóficas, defendidas pelos heróis dostoievskianos de forma autêntica e com temáticas distintas[11].

Um dos problemas apontados por Bakhtin, e que atinge todos os estudiosos do caráter polifônico de Dostoiévski, é o de distinguir quem são os verdadeiros responsáveis pelas diversas idéias e teorias encontradas nas suas obras, tendo em vista que para "uns pesquisadores, a voz de Dostoiévski se confunde com a voz desses e daqueles heróis, para outros, é uma síntese peculiar de todas essas vozes ideológicas, para terceiros, aquela é simplesmente abafada por estas" (ou seja, a do autor é sufocada pelas vozes dos personagens).

---

[8] Este seu estudo a partir da poética, visa segundo ele, evitar repetir erros anteriores cometidos por estudos direcionados apenas para uma possível temática ideológica deste autor, o que não procede neste crítico.

[9] Segundo Bakhtin, a percepção das peculiaridades estruturais e de coerência dos romances idealizados Dostoiévski, torna-se possível a partir de um estudo rigoroso dos mesmos, pelo campo da poética, como pretende este.

[10] Para Bakhtin, esses discursos podem ser percebidos no personagem principal de *Crime e Castigo* (Raskólnikov), do *Idiota* (Príncipe Michkin), dos *Demônios* (Stavroguin), *Irmãos Karamazovi* (Ivan e o Grande inquisidor), entre outros., P-3.

[11] Temos aqui deste modo, uma das características do que ele chama de polifonia dos personagens de Dostoiévski, com a predominância de mais de um discurso num mesmo personagem, que tem idéias muitas vezes distintas do próprio autor.

A opinião de Bakhtin é a de que Dostoiévski não remete a si próprio na construção das idéias, "como algo idêntico a si", como idéia própria, pois deve se levar em conta que a construção dos personagens dostoievskianos passa por um processo evolutivo no qual não apresentam apenas vários discursos monológicos, mas até, diversas idéias complexas que vão tornando-se mais significativas juntamente com o desenvolvimento do enredo dos próprios romances. Permitindo-se deste modo, que seus heróis atinjam sua maturidade de pensamento[12], sendo este o caráter principal da construção "dialógica" entre autor e personagem, incrementada por Dostoiévski.

Bakhtin verifica então a grande inovação romanesca que foi empreendida por Dostoievski: em cada obra percebe-se a complexidade na qual os heróis dostoievskianos estão inseridos, sendo que estes se desenvolvem sob o *princípio de autonomia e de responsabilidade* por suas próprias delimitações.

Dostoiévski criou, portanto, um novo tipo muito especial de romance, o Polifônico.[13] Neste tipo de romance é especial, pois prevalecem nos personagens e no romance em si, "a existência de diversas vozes e consciências que não se misturam e ao mesmo tempo são *independente do próprio autor*".

O caráter de narrar desenvolvido por Dostoiévski, bem como o próprio romance polifônico em detrimento do romance europeu (do tipo homofônico), onde prevalece a própria idéia do autor (e que vigorava na Rússia do século XIX), são apontados por Bakhtin, como um marco significativo na literatura contemporânea.

O novo tipo de romance, com ausência de forma determinada e com os personagens assumindo vários aspectos dentro de uma mesma obra, leva Bakhtin a afirmar que:

> Do ponto de vista de uma visão monológica coerente e da concepção do mundo representado e do Cânon monológico da construção do romance, o mundo de Dostoiévski pode afigurar-se um caos e a construção dos seus romances algum conglomerado

---

12 Idem. p 3

13 "A multiplicidade de vozes e consciências independentes e imiscíveis e a autentica polifonia de vozes plenivalentes (plenas de valor). Esses tipos de vozes, segundo Paulo Bezerra, mantêm com as outras vozes do discurso uma relação de absoluta igualdade como participante do grande diálogo. Constituem, de fato, a peculiaridade fundamental dos romances de Dostoiévski". Cf. M. Bakhtin, op. cit., p.4.

de matérias estranhas e princípios incompatíveis de formalização[14].

Este caráter de Dostoiévski, frente a criticas direcionadas para uma compreensão de suas obras, segundo Bakhtin, fizeram com que a mesma chegasse a muitas visões incoerentes no que concerne às verdadeiras intenções desse autor[15], pois acabavam por seguir uma ou outra que não se enquadrava nem com o autor, muito menos com um dos seus personagens (pois os críticos não perceberam que estes eram indeterminados).

Porém, podemos apontar que o fascínio dos críticos por direcionarem as idéias desse autor para determinadas ideologias (irracionalista, eslavófilo, entre outras) ou teorias radicais, está no fato de todas as múltiplas abordagens de Dostoiévski se encaixarem nos objetos de estudo desses pensadores, e oferecerem para estes teóricos uma fundamentação para seus discursos do dia-a-dia, pois essas delimitações caracterizam-se como inovadoras e de análise profunda das *diversas manifestações dos indivíduos e das situações das quais os mesmos compartilham*[16].

Para Bakhtin, não podemos detectar a verdadeira **Arte** de Dostoiévski quando se delimita os romances desse autor apenas como psicológico ou filosófico. Pois estes estudos delimitadores excluem os caracteres reais das obras de Dostoievski, que são uma análise profunda da vida dos homens e de sua própria existência carregada de *acontecimentos extraordinários*[17], os quais o autor tem a capacidade de repassar para o papel de maneira que atinja a maioria de seus leitores e lhes transmita algum princípio. Para Bakhtin:

O universo de Dostoiévski é profundamente personalista. Ele adota e interpreta todo pensamento como posição do homem,

[14] Cf. M. Bakhtin, op. cit., p. 6.

[15] Idem p.7.

[16] Principalmente da Rússia *czarista,* na qual viveu o autor e seus críticos. A Rússia é considerada por muitos Críticos , dentre eles **Joseph Frank**, como material mais importante para suas obras. Cf FRANK, J. *Dostoiévski: as sementes da revolta,* p.16.

[17] Pode-se detectar este fato com uma simples leitura de uma biografia séria acerca deste autor. Sua vida podemos dizer que é reveladora de muitos ensinamentos para os seres humanos, seus limites, superações e manifestações entre outras características. No capítulo I deste trabalho monográfico traçou-se um digno, mas breve relato da vida deste autor, em relação à "idéia".

> razão pela qual, mesmo nos limites de consciências particulares, a série dialética ou antinômica é apenas um momento inseparavelmente entrelaçado com outros momentos de uma consciência integral[18].

Para Bakhtin, a "monologação filosófica", empreendida por alguns estudiosos, que é caracterizada pelo desenvolvimento de uma única teoria a partir de uma obra ou personagem dostoeivskiano, suprime a riqueza da estruturação artística deste, além de reduzir "a idéia em Dostoiévski em mera especulação filosófica". Dostoiévski apresenta cada vez mais o seu caráter artístico ao dar "plena liberdade a seus heróis que podem até mesmo terem idéias distintas deste e desafiá-lo" além de ser uma demonstração da sua inovada "força criadora".

Podemos propor que no *romance polifônico*, segundo Bakhtin, os personagens não são postos apenas enquanto objetos constituintes do discurso, mas são eles, os próprios construtores e estruturadores das suas idéias e dos discursos. Para se perceber a dimensão da inovação de Dostoiévski com o romance polifônico, basta compararmos este, com o romance tradicional. Pode-se então concluir na visão de Bakhtin, que "apenas um personagem (herói) de uma das obras de Dostoiévski é capaz de comandar toda a temática desenvolvida por um autor ao longo de uma obra que adota os padrões dos romances tradicionais (não-polifônico)".

Bakhtin compartilha com as idéias de alguns críticos, dentre eles S. Askóldov[19], segundo o qual, "a renovação de Dostoiévski consiste em representar o homem interior, partindo de uma visão geral (cosmovisão) da humanidade e transferindo isto para a psicologia individual dos personagens, tornando coerente a assimilação das idéias"[20]. Para Askoldov o romance polifônico, por ter sua construção de maneira constante e não se ter uma idéia definida, pode-se assegurar que o mesmo é sem estilo ou com vários estilos num mesmo plano da obra. Em termos de valor esses romances enfatizam vários temas num mesmo enredo (polenfático).

Podemos afirmar que vários críticos contribuíram para que as obras de Dostoiévski

---

[18] Cf. M. B. p-7.

[19] Cf. Artigo "O significado ético-religioso de Dostoiévski" no Livro F. M. Dostoiévski. *Stati i Materiali.* Ed. Misl, Moscou-Leningrado, 1922.

[20] Cf. M.B. p-12.

fossem cada vez mais apreendidas pelo maior numero de leitores, porém foi Bakhtin quem descobriu a chave para a compreensão do conjunto das obras de Dostoiévski — A Polifonia. Nos romances do tipo polifônico, Bakhtin enfatiza que nem mesmo o que parece uma narração catastrófica, não se pode afirmar sem profundidade, que se trata deste caráter mesmo. Pois é típico desses romances os personagens transmitirem idéias para as quais a interpretação depende não somente do que está sendo relatado, mas de infra-reflexão e estudo apurado.

Para concluir Bakhtin ressalta a originalidade das suas investigações acerca da forma artística de Dostoiévski presente nos temas, idéias, e assuntos abordados. Para ele, cada ponto somente será esclarecido, com muita análise do conteúdo real dos temas presentes na obra geral de Dostoiévski[21].

Com o romance polifônico, o *tradicional romance europeu*[22], tornou-se apenas parte integrante dos personagens desse primeiro, que Bakhtin considera como a forma mais abrangente de análise da realidade do seu país (Rússia) e da humanidade, por meio da literatura.

Quando se tinha apenas o romance monofônico, pensava-se que aqueles estabeleceriam os limites da realidade, porém com este novo tipo, os limites foram quebrados. Dostoiévski não escreve para determinadas classes, sua abordagem do cotidiano das pessoas e do seu mundo é muito real, o que nos faz pensar que os mesmos "penetrem nas consciências de diversos leitores de diferentes classes e ideologias".

Entenderemos a inovação do romance dostoeivskiano, como pilar do romance moderno, desde que estejamos abertos a fazer um longo caminho, além das próprias palavras pelas quais os romances são apresentados, ou seja, devemos ir além das próprias palavras que são descritas por esse *autor*, pois estas nem sempre estão de acordo com o fato mesmo e se caso nos baseássemos por tais, correríamos sérios riscos de interpretações incoerentes.

Em Dostoiévski, portanto, a verdade dos fatos está além do que parece óbvio na

---

21 Cf. **BAKHTIN,M.** Op. cit., p. 45.

22 Que aliás tinha grande influência na Rússia do século XIX, época na qual viveu Fedor M. Dostoiévski (1821 a 1881). Cf. M. B. p-45.

visão aparente do leitor (principalmente do pesquisador que se depara pela primeira vez, com suas obras). Para este, caso deseje empreender algum avanço em relação aos pensamentos dostoievskianos, faz-se necessário que o mesmo esteja esclarecido de que "o autor e seus heróis", não oferecem nenhuma resposta para este de maneira definida e espontânea.

As idéias nos romances de Dostoiévski estão sempre carregadas de *ambigüidade*, o que torna necessário ao leitor menos prudente que desde um primeiro momento tenha uma visão da complexidade de si mesmo; suas manifestações e caracteres individuais.

Os heróis polifônicos caracterizados como fragmentados e indeterminados, assemelham-se à era contemporânea, onde não encontramos mais uma razão unitária, onde os avanços científicos em geral acabaram por *desprezar a vida dos seres humanos e da sua subjetividade*, em nome dos desenvolvimentos tecnológicos e da manutenção de sistemas discriminatórios que surgiram como o capitalista vigente. — O ser humano parece ser posto apenas como objeto de consumo.

Essa relação estrita entre os heróis polifônicos e a modernidade, vai ser um campo aberto para o surgimento da **Filosofia da Existência** (como veremos a seguir), caracterizada principalmente como uma tentativa de repensar a posição da humanidade numa época contrária a esse desenvolvimento.

Embora não se tendo ainda em suas Memórias do subterrâneo, um dos romances da sua maturidade de autor (mas de transição), a contradição do personagem que se encontra no desenvolvimento dessa novela é muito significativa, de maneira tal que permite ao leitor fazer uma reflexão da suas próprias manifestações afetivas, psicológicas e existenciais, com criticidade e coerência.

Isto é prova também de que ao tematizar a multiplicidade de sentimentos que constituem os indivíduos, o autor personagem explora os limites da nossa personalidade que por muitas vezes passaram ocultos e que o Dostoiévski consegue desenvolver de modo que cada pessoa ao ler, se encontre a partir de suas próprias imagens cotidianas e da sua capacidade inerente de reflexão de seu estado de vida.

CAPÍTULO II – OS DESDOBRAMENTOS DA PERSONALIDADE HUMANA

Neste Segundo Capítulo analisaremos as obras *O Duplo* e *Memórias do subterrâneo* de Dostoievski. A primeira é marcante pelo recurso de apresentar um só personagem com dupla personalidade, o que permitiu a Dostoiévski a representação dos desdobramentos da personalidade humana. Já na segunda obra, encontraremos a figura do *homem do subterrâneo*, que se revela como uma reformulação complexa da interiorização do múltiplo em um só indivíduo.

2.1. *O DUPLO*, DE DOSTOIÉVSKI

Ao escrever sua segunda obra literária, *O Duplo* (ou *O sósia),* logo após o sucesso de *Pobre Gente*, acreditava o jovem Dostoiévski que a mesma iria superar as expectativas do público e sua carreira literária estava garantida, pois ele considerava "*O Duplo*, dez vezes melhor que a primeira (*Pobre Gente*)"[23], porém, o que se presenciou a partir das análises críticas, foi uma generalizada rejeição, por parte da critica e dos leitores.

Dentre as sugestões apontadas para elucidar a não aceitação de *O Duplo* no meio intelectual, podemos citar a falta de compreensão diante da ênfase profunda dada a seu personagem, ou seja, os críticos e o público estavam acostumados ao tipo de romance no qual o enredo e os personagens eram iguais ao que estava escrito na obra. O que não acontece com *O Duplo*, pois aqui temos um exemplo de ambigüidade no mesmo personagem o que pode ter deixado o publico equivocado, a respeito de alguma conclusão sobre o mesmo.

---

23 FRANK, J. *Dostoiévski: as sementes da revolta*, p. 381.

Na época do lançamento, o famoso crítico literário contemporâneo de Dostoiévski, Bielinski, chegou a afirmar que *a obra descrevia um caso de paranóia mental*[24], dando assim total descrédito para com a mesma. Temos neste caso uma antecipação dos processos psicanalíticos posteriormente desenvolvidos por Freud, pois de fato é por meio desse estado que Dostoiévski representa o seu personagem, e que ele encontra as respostas para suas indagações da personalidade humana e de como as condições sociais influenciam no caráter do indivíduo. O que é um tratamento literário totalmente inovador, por isso causou tanto equívocos[25]

Os preconceitos iniciais em relação a *O Duplo*, segundo o crítico Rodolfo Pessanha, são devido a que na segunda obra de Dostoiévski em relação à primeira (*Pobre Gente*), ocorreu uma mudança brusca "comparável à mudança da lagarta em borboleta"; as duas têm a mesma origem, porém com estruturas bem distintas[26].

E que para o crítico e tradutor Boris Schnaiderman:

> *O Sósia*, o segundo romance contava com uma estrutura muita à frente da sua época: por vezes enigmático, estranho, com aquela duplicação da personagem central, sem uma definição de 'mensagem', sem a clareza de intenções que há no primeiro romance (Pobre Gente), embora este vá muito além das intenções explicitas. O Sósia é realmente um romance que está muito mais próximo do século XX que do ano em que foi publicado[27].

A obra O *Duplo*, como o próprio nome sugere, expõe as experiências vividas por um funcionário publico Sr. Goliadkin, com sua dupla personalidade (consciente e inconsciente). De um lado temos um Sr. Goliadkin real, que aceita as determinações do sistema, portanto medroso e incapaz de qualquer iniciativa. Por outro lado temos o Sr. Goliadkin das intenções inconscientes, que se imagina um herói conquistador e

---

24 Ibid , p-397

25 Sobre sua relação com Tolstoi, afirma Gomide: "ao contrário da poética de Tolstoi, enganosamente mais próxima de padrões habituais do romance oitocentista, Dostoiévski é decididamente dissonante(...) sem dúvida o romancista russo que mais gerou respostas discrepantes." Cf. **GOMIDE, Bruno Barreto.** *Entre livros,* p-36.

26 PESSANHA, Rodolfo Gomes. *Dostoievski: ambigüidade e ficção*, p.12.

27 SCHNAIDERMAN, **B.** *Turbilhão e semente: Ensaios sobre Dostoiévski e Bakhtin*, p**p. 24-25.**

ambicioso, capaz de reverter à situação na qual está posto. E a própria vida do personagem exposta a sua frente, cheia de duvidas e contradições, o que dá para nós, sempre a certeza de sermos humanos, Isto é, indeterminados e fragmentados.

Com o tempo a dupla personalidade acaba por formar um conjunto, porém cada uma predominando de modo particular, *ditando quase sempre, incoerentes e contraditórios procedimentos entre si*[28]. O que acontece é que Dostoiévski revelou nesse romance, um exemplo claro do desdobramento da personagem a partir das muitas manifestações que lhes são postas na sociedade. Como se pode notar neste trecho onde o personagem vê-se *humilhado e ofendido*, e demonstra uma certa confusão mental no momento de tomar uma decisão:

> ...Quase sem dar por isso, deu um passo para a frente e Andriéi Filípovitch recuou. O senhor Goliadkin subiu dois degraus. Andriéi olhou à sua volta com inquietação. De um pulo, o senhor Goliadkin tornou a subir a escada, Andriéi correu a toda pressa e fechou a porta atrás de si. O senhor Goliadkin ficou só. Não conseguia compreender bem. Sentia-se longe dali, assombrado, como perante a lembrança de um acontecimento sem sentido. (...) Ouve cá embaixo, no fundo da escada, vozes e passos. Provavelmente são mais convidados de Olsuf Ivânovitch. O senhor Goliadkin recompõe-se um pouco. Levanta num ápice a gola da pele, esconde-se o mais possível e, depressa, correndo, desce a escada. Sente-se sem forças, como que entorpecido. Uma vez junto do carro, prepara-se para subir. No íntimo, o seu desejo é meter-se num buraco, esconder-se como um rato, a si e a carruagem. Convence-se de que em todas as janelas da casa de Olsuf Ivânovitch há gente que o espreita. Se voltasse, tem a certeza de que morreria[29].

Goliadkin no decorrer da trama irá finalmente perceber que é a sua própria consciência que o persegue e impulsiona a essa carga de ambigüidade nas relações, e que a dualidade presente no seu ser, é desdobramento dele mesmo.

Neste seu trabalho Dostoiévski retrata de forma inédita a dupla personalidade de um mesmo personagem: segundo a opinião do crítico e biógrafo de Dostoievski, Joseph Frank, a sua genialidade consiste em "transformar o processo interno de uma criatura

---

[28] Idem . p. 18.

[29] DOSTOIÉVSKI,**F.** Obra completa (Vol.-II), p. 304.

numa realidade dramática".

A abordagem de Dostoiévski neste trabalho pode ser considerada enquanto uma verdadeira viagem às manifestações do subconsciente e da afetividade do Senhor Goliadkin, o personagem principal.

O caráter deste personagem retratado em *O Duplo* está diretamente ligado à sua existência mesquinha enquanto funcionário público de baixa categoria, que recebe pouco e está insatisfeito com as condições injustas nas quais vive. Para Joseph Frank: "Dostoiévski encontra nele a inspiração para seu propósito de demonstrar os aspectos humanamente trágicos das frustrações psicossociais, pois seus personagens anormais e patológicos, sempre apresentam uma relevância sócio cultural"[30].

Pode se assinalar que esta obra é fruto das intenções do escritor em narrar situações reais com personagens simples de modo a sensibilizar as pessoas sobre as limitações psicológicas e causar ao mesmo tempo o conhecimento da natureza de cada um dos leitores e de si próprio.

Na época em que a idéia do *Duplo*, foi desenvolvida, temos um Dostoiévski em plena juventude (28 anos) e que participa do *Circulo Revolucionário de Pietrachévski* e combate o sistema czarista, o que mais tarde resultou na sua deportação para a Sibéria, a grande *experiência existencial* de sua vida.

A obra, portanto, como sugere Rodolfo Gomes Pessanha, "tem o caráter de revelar as intenções inconscientes do escritor que coloca na obra toda a sua indignação ante a situação de escravidão e degradação do ser humano na Rússia"[31].

O que nos leva a assinalar outro motivo da temática de *O Duplo*, colocar-se cada vez mais instigante para nossas reflexões, a destreza de Dostoiévski em construir uma obra na literatura, onde o real assume o caráter de narração extraordinária, tendo em vista que esse real está sempre relacionado às experiências do autor ou mesmo ao contexto social (como é o caso do Sr. Goliadkin).

Temos aí um dos primeiros aspectos de toda a obra romanesca madura de

---

30 **FRANK, Joseph**. *Dostoiévski: As Sementes da Revolta*, p. 397.

31 Segundo Frank, o Sr. Goliadkin e Dostoiévski estão preocupados com as conseqüências morais e psicológicas da ordem burocrática (rígida e imutável) vigente na Rússia de Alexandre II. **Cf** . FRANK **J.** *Os efeitos da libertação(1860 a 1865)*. **In.** introdução

Dostoiévski, que é o desdobramento da personalidade. O que permitiu a este fazer descobertas significativas acerca da personalidade humana, pois "Quem revela ao senhor Goliadkin a sua verdadeira natureza, quem lhe põe o problema da sua condição moral perante si próprio e a sociedade, é o seu duplo, ridículo, zombeteiro e metediço".[32]

Sendo que esta sua temática com *O Duplo*, constitui uma das primeiras apresentações de seus heróis polifônicos, e mostra-se como um desenvolvimento significativo diante do romance tradicional.

2.2. AS MEMÓRIAS DO SUBTERRÂNEO: ANÚNCIO DOS ROMANCES FILOSÓFICOS

Na obra *Memórias do subterrâneo*, a contrariedade do *Homem do subsolo* presente nesta caracteriza-se como um prenúncio declarado dos heróis polifônicos dostoievskianos, pois ao mesmo tempo em que tem idéias diferentes das usuais, esse herói muito menos pode ser definido por uma ou outra de suas características.

Como percebemos no relato onde o personagem declara que "tomava gosto simplesmente em assustar os pardais", ao mesmo tempo em que assegura que "quando mais parecia furioso, bastava apenas a mínima atenção, uma chávena de chá, bastaria para apaziguar-lhe o seu estado afetivo"[33]. A contradição do personagem que se coloca aqui com maior profundidade, que na sua segunda obra *O Duplo*, de maneira tal que permite ao leitor fazer uma reflexão das suas limitações afetivas, psicológicas e existenciais.

Podemos detectar a partir dessa *simples amostra* contida na novela, uma declaração de que os ser o qual Dostoiévski tenta representar, na pretensão de dirigir alguma mensagem aos homens, não é aquele caracterizado por sua bondade, ou aquele tomado por ações más, muito menos o meio-termo. Seus personagens são colocado

---

[32] **DOSTOIÉVSKI, F. M.** *Obra Completa* (Vol. I). p-62.
[33] DOSTOIÉVSKI, F. *Obra Completa* (Vol. -II). p-666.

muito além de serem bons ou maus: embora busquem ser definidos, o que prevalece é a sua caracterização como seres fragmentados e de idéias constantemente mutáveis em sua mente.

Esta novela lançada no ano de 1864, quando o autor contava 43 anos, abre o período de transição para a fase mais criativa de Dostoievski. Pela primeira vez (embora já tendo sido iniciado com *O Duplo*), Dostoiévski cria uma obra inteiramente preocupada em expor os perigos que a sociedade pode causar na personalidade do indivíduo, quando não valoriza as manifestações que lhe são peculiares e valoriza muito mais aspectos estranhos a ele como as determinações sociais exteriores e a razão utilitarista em geral.

A obra *Crime e castigo* é sempre apresentada enquanto detentora da **maturidade** do romance polifônico de Dostoiévski, porém, pode-se afirmar com validade que foi a partir das *Memórias do subterrâneo* que se deu sua verdadeira intenção de dar um caráter definitivo a seu pensamento. A partir desta obra, dá-se inicio à sua grande inovação em relação ao romance tradicional, que é o romance Polifônico (mais complexo, como vimos).

Pela primeira vez ele nos apresenta um personagem que caracteriza todos os traços presentes nos seus heróis das obras de maturidade, como Raskólnikov de *Crime e Castigo*, Míchkin de *O Idiota*, Stavróguin dos *Demônios*, Ivan Karamázovi e o Grande Inquisidor dos *Irmãos Karamázovi*, entre outros. A narrativa é transmitida por um autor-personagem, que nas palavras de Dostoiévski deixa-se, bem claro a sua intenção com esse tipo de herói na nota de rodapé do inicio da obra:

> O autor destas memórias é, naturalmente, imaginário, como são imaginárias elas próprias. No entanto, indivíduos, assim como o autor destas memórias, não só podem existir, como hão de fatalmente existir na nossa sociedade [contemporânea], se levarmos em conta as circunstâncias em que geralmente elas se formaram. Eu quis pôr em relevo, perante o público, mais nitidamente do que de costume, um desses caracteres duma época passada,mas recente. [...] Neste fragmento intitulado "O subterrâneo", a personagem apresenta-se a si mesma, expõe os seus pontos de vista e explica, como pode, e as razões pelas quais surge, e não tinha outro remédio senão surgir, no nosso ambiente...[34].

[34] **DOSTOIÉVSKI, F.M.** *Obras completas* (Vol. II), p. 665.

Nesta passagem e por toda a obra, Dostoiévski nos esclarece o caráter particular de seu personagem, que é *imaginário*[35], portanto as idéias não estão diretamente relacionadas a Dostoiévski, mas serão o resultado das suas múltiplas reflexões e vozes diante do mundo e da vida cada vez mais difícil de ser concretizada, o que leva o crítico Virgínio Santa Rosa a caracterizar estas suas "memórias" como "a mais tremenda explosão psicológica e do gênio filosófico de Dostoiévski"[36].

Logo de inicio o homem do subterrâneo começa a empreender a tarefa da qual está imbuído (a de apresentar-se em sua múltipla contrariedade), mostrando-se "um homem doente, mal, antipático", ou seja, um ser típico do mundo presente (escravista e desumano) no qual vive, mas que tem "superstição pela medicina"; e que embora sabendo que a ciência poderia amenizar a sua doença do fígado, prefere continuar sofrendo, pois "não se trata é por pura maldade", ainda porque, "não sabe explicar a quem prejudica com sua maldade", senão a si próprio[37].

A própria **contrariedade** do *Homem do subterrâneo* presente desde a primeira parte da obra, onde temos as memórias propriamente ditas do ser do subsolo, com suas análises sempre profundas e crítica da realidade, e que se prolonga pela segunda parte onde temos não apenas a concretização das Memórias, mas o personagem agindo de maneira tal que suas ações nas diversas circunstâncias podem ser caracterizadas como um prenúncio declarado dos posteriores heróis polifônicos dostoievskianos.

Isto é prova também de que ao tematizar a multiplicidade de sentimentos que constituem os indivíduos, o personagem explora os limites da nossa personalidade que por muitas vezes são ocultos e que Dostoiévski consegue desenvolver de modo que cada pessoa ao ler, sinta-se tocado "é como se o leitor assistisse as suas próprias imagens potenciais"[38].

Podemos notar através da novela que seu modo de ação por ser centrado numa

---

35 Segundo **Luis Felipe Pondé, o homem** do subsolo, Raskolnikov e Ivan Karamazov, formam o trio no qual chegou ao mais alto grau da dor existencial (consciência clarividente), ou seja, a razão levada ao seu mais alto grau – ao paroxismo. PONDÉ, L. F. *Profecia e crítica*, **p. 202.**

36 ROSA, **V. S.** *Dostoiévski: um cristão torturado*, p. 386.

37 "Sou mal. Nada tenho de simpático. Julgo estar doente do fígado, embora não o perceba nem saiba ao certo onde reside meu mal. Não me trato, e nunca me tratei, por muito que considere a medicina e os médicos, pois sou altamente supersticioso, pelo menos o bastante para ter fé na medicina".Cf. DOSTOIÉVSKI,**F.** *Obra completa*.(Vol-II), p. 665.

38 DOSTOIÉVSKI, F. *Obra completa* (Vol. II), in introdução de Lêdo Ivo – Aqui agora.

infra-realidade, acaba por torná-lo um herói indeterminado, pois o mesmo é capaz de adentrar nas múltiplas situações do seu mundo e dos indivíduos reais, e em cada uma delas o homem do subsolo atinge os principais ângulos e determinações.

Fazendo-se um simples paralelo entre a primeira e a segunda parte da novela, o mesmo herói imaginário é apresentado em condições notavelmente distintas. O que nos possibilita termos uma noção significativa do caráter particular da narrativa e da estruturação do romance dostoievskiano (embora não sendo esta a única). A própria divisão estrutural da obra em duas partes já é uma amostra de que se trata de um personagem complexo e indeterminado, pois na primeira parte denominada de subterrâneo, encontramos um herói que está preocupado com a situação dos indivíduos diante de vários fatores que dificultam uma convivência melhor, onde a temática atinge o clímax, com a oposição deste herói ante o **homem de ação,** *moderno e determinado.*[39] Constituindo-se, portanto, como um verdadeiro exercício dialético no qual o homem do subterrâneo se mostra disposto a esmagar o seu rival (o homem de ação) na defesa do ser humano e da vida em todas as sua manifestações.

A oposição que o homem do subterrâneo (anti-racional) empreende contra o homem moderno (de ação) chega ao ponto deste primeiro negar a determinação matemática de que "dois mais dois são quatro", bem como a afirmação de "que somos descendentes dos macacos"[40], pois para ele esta determinação acaba por prender o homem a determinações exteriores, o que é uma forma de negação da **subjetividade** dos seres humanos.

O homem do subsolo compara o homem de ação (da razão prática), enquanto um ser desprezível, pois as ciências da razão funcionam para ele como um **palácio de cristal,** que o protege da lama no qual está inserido o mundo moderno. Porém este palácio, ao mesmo tempo em que dá ao homem de ação uma aparente tranqüilidade, *torna o mentiroso* [41], já que "*as leis naturais e as induções das ciências naturais* (cristais)*",*

---

[39] "O Homem Moderno, confia em si mesmo e nas ciências, que na realidade são fantasias secundarias e nada dizem sobre o homem, mas apenas dá lhe a sensação de felicidade, (...) o homem contemporâneo é levado pela busca obcecada por resultados, sem ao menos refletir sobre s mesmos" Cf L **F, Ponde**. *Dostoiévski: critica e profecia*, p. 201.

[40] "O impossível é como uma muralha de pedras. Que pedras são essas? As leis da natureza, as induções das ciências naturais, as matemáticas, sem dúvida. Uma vez que por exemplo, te demonstraram que descendeis do macaco, é escusado fazer trejeitos; é preciso aceitar as coisas como são". Idem. p-670

[41] PONDÉ,L.F. Op. Cit., p.113.

ocultam a realidade que o cerca.

Em comparação com o individuo moderno (adepto da razão) o homem do subsolo mesmo vivendo num galinheiro (que serve ao mesmo tempo como palácio, mais significativo que o primeiro), mesmo vivendo na lama da existência, ele presencia a liberdade. Pode falar e expressar a sua subjetividade, de maneira aberta e sem a coação de uma ou outra delimitação de pretensão científica.

A abordagem critica da realidade faz com que suas reflexões não apresentem dados mentirosos. A vantagem do homem do subsolo em estar em oposição à razão moderna (o palácio de cristal), é que embora no galinheiro, pode-o manifestar seus próprios princípios enquanto ser humano.

O que o homem do subsolo pretende, é nos tornar conscientes sobre o fato de "muitos indivíduos serem excluídos de um convívio harmonioso", pelo simples fato de estarem fora das muralhas que protegem "a verdade e as leis naturais".

Ele prefere negá-las, pois estas leis (das ciências exatas entre outras) além de humilharem os indivíduos, negam a liberdade do ser humano e tornam-no dependentes de suas decisões; como exemplo disto seria o caso em que se a ciência afirmasse que o homem moderno tem preocupações, embora ele não soubesse o que significaria isto, ele passaria a ter, nem que fosse por um curto período.

As determinações da razão (matemáticas, biológicas e das ciências em geral) não agradam ao homem do subterrâneo, que decide opôr-se a estas. Caso as aceite é o mesmo que admitir que ele é um ser determinado, o que, porém, ele não admite.

Nos dias atuais pode-se citar o projeto de mapeamento do Genoma Humano, como tentativa de determinar de vez os seres humanos: para o homem do subterrâneo isso constituiria um desperdício, pois o homem para ele, não pode ser determinado e possui características as quais nenhuma ciência poderá apreender como as originárias de sua personalidade. O herói desta primeira parte, porém, permanece apenas num jogo dialético o qual tem como base o enfrentamento das ciências modernas e todas as ideologias que excluem os seres humanos de uma vida propriamente humana.

Na segunda parte da novela, denominada *A Propósito da neve derretida*, o autor das *Memórias* diz ter vinte e quatro anos. A partir do contexto da vida do escritor podemos afirmar que foi nessa mesma época, com 24 anos, que Dostoiévski começou a freqüentar assiduamente as reuniões do circulo de Petrachévski, o que permite Dostoiévski situar o seu personagem no período que atravessava, e que era caracterizado pelas buscas constantes de respostas para suas inquietações (apresentadas na primeira parte), bem como a solução dos problemas de sua época na Rússia.

Nesta segunda parte temos o Homem do Subsolo, não apenas com suas angústias e críticas perante o caos em que a sua vida e o mundo estão postos, mas temos casos reais em que este consegue transmitir toda a sua carga de desconfiança frente os homens modernos.

Dentre os episódios dessa segunda parte, temos o caso dos clientes da repartição em que ele prestava serviços, o encontro com o oficial que tinha ares de superioridade, o encontro com Lisa e o encontro com seus ex-colegas do colegial, em todos esses casos o homem do subsolo revela-se totalmente adverso às determinações que são próprias desses seres de consciência pouco elevada, ou seja, vulgar. E que se revelam com costumes distintos do dele, que é doente, pois considera que "uma consciência demasiado lúcida é uma doença, uma verdadeira doença"[42].

A segunda parte poderíamos dizer que é a confirmação de suas *memórias* na prática. Como é claramente exposto na primeira parte: "Homem do nosso século tem a obrigação moral de ser uma nulidade; pois o homem de têmpera, o homem de ação, de maneira geral é de vistas curtas".

O episódio que constitui o clímax do romance, o desastroso encontro do homem do subsolo com a prostituta Lisa, é "uma paródia irônica e uma inversão do clichê do romantismo social russo, no qual o tema da redenção (da prostituta) tornou-se comum na literatura da Rússia, a partir de 1860, com o romance social".[43] Pois o *Homem do*

---

42 DOSTOIÉVSKI, F.M. *Obra completa* (Vol. II), p. 667.

43 Segundo Frank, o tema da redenção de prostituta, os Russos dos anos 1840 foram buscar nos românticos franceses como: Eugene Sue e Victor Hugo, e consistia basicamente na redenção da pessoa em se dedicar a outro trabalho, porém sem mudar muito as condições de vida. O que não é compatível com o ser do subsolo, pois este age de modo tal a conscientizar o indivíduo, para que o mesmo torne se livre por inteiro, ou seja, por sua própria consciência. Cf. FRANK, **J.** *Dostoiévski: os efeitos da libertação (1860 a 1865)*, p. 457.

Subterrâneo que pretende atingir seu objetivo, que é salvar a prostituta de sua desgraça, faz uso de toda a sua criticidade excessiva, que vai muito além do sentimento de bem e de mau. O que é, pois um tratamento totalmente distinto do romance *tradicional.*

O herói do subterrâneo, portanto, sentindo piedade daquela criatura tendo consciência do seu destino cruel (na prostituição), descreve intencionalmente e com toda a crueza que lhe é peculiar acerca de tudo àquilo que lhe reserva a sua situação terrena, e o mais importante é que surte efeito. Seu objetivo é o de despertar pelo menos *a vida afetiva daquela infeliz criatura*[44], e salvar o que lhe resta ainda de suas energias humanas, cabendo a ela mesma decidir sobre a sua liberdade de ser humano.

Podemos afirmar que a segunda parte das *Memórias* constitui uma extensão da primeira, isto é, se temos a consideração de que nesta, em vez de o personagem permanecer filosofando acerca das limitações das ciências e da sociedade moderna, ele tenta praticar ações concretas, tendo em vista efetivar a compreensão de cada individuo a partir dos seus princípios.

Para o crítico literário Boris Schnaiderman, a novela *Memórias do subterrâneo* constitui passo decisivo na orientação de Dostoiévski para o grande romance filosófico, pois este diferente dos demais, toma a realidade e pretende desmistificar toda uma época cercada de elementos trágicos e mentiras que são predominantes.[45]

Já Friedrich Nietzsche, ao deparar com estas *Memórias* (que aliás foram seu primeiro contato com o autor russo), disse ter encontrado nestas o "material psicológico mais importante para sua vida e obra, para ele, Dostoiévski foi o único psicólogo no qual ele aprendeu algo"[46], a influência deste é notável no desenvolvimento da teoria do niilismo, do espírito de vingança e do super-homem apresentada posteriormente.

---

44 Citado por NOGUEIRA, Hamilton. *Dostoievski*, p. 12.

45 SCHNAIDERMAN, Boris. *Turbilhão e semente: ensaios sobre Dostoiévski e Bakhtin*, p. 31.

46 Este comentário é citado por Gilvan Fogel em artigo denominado "A determinação do espírito de Vingança".Segundo ele: foi a partir do homem do subsolo, quando diz que... "O homem se vinga porque encontrou a causa, a razão e, na verdade, o direito. Logo, ele está absolutamente tranqüilo e em conseqüência disso vinga-se tranqüilamente e com pleno êxito na convicção de que ele realiza uma obra nobre e justa,' que Nietzsche desenvolveu as suas teorias do Ressentimento e do Espírito de Vingança.**Cf FOGEL, Gilvan.** *Uma História da Filosofia*.p-114".

CAPÍTULO III – DOSTOIÉVSKI E A VIDA PRESENTE

Neste Terceiro Capítulo abordaremos os pontos de contato da obra de Dostoievski e das questões prementes da contemporaneidade, sobretudo no que diz respeito à fragmentação do indivíduo e sua angústia existencial. Assinalaremos a presença direta da reflexão dostoievskiana na obra de dois autores fundamentais do século XX, Jean-Paul Sartre e Albert Camus.

3.1. DOSTOIÉVSKI E O ANÚNCIO DA CONTEMPORANEIDADE

Quando se considera a influência de Dostoiévski em muitas das diferentes doutrinas modernas não será difícil considerá-lo como um dos precursores dos problemas e da fragmentação dos valores característicos da contemporaneidade.

Ao dar ênfase em suas obras ao ser humano e às suas mais diversas condições de existência[47], Dostoiévski situa sua obra como definidora das doutrinas filosóficas mais eminentes do nosso tempo, como é o caso da **filosofia da existência**, citada neste trabalho como uma das mais significativas.

Assim como ocorreu na proposta da doutrina filosófica existencialista, Dostoiévski investe, e de modo explícito em suas *Memórias do subterrâneo* (1864), contra a razão e as ciências, que tentam de varias maneiras determinar e delimitar a atuação livre do ser humano.

[47] Acerca do tratamento dado por Dostoiévski ao ser, Bierdiáiev afirma: "A preocupação exclusiva de Dostoiévski, o tema único ao qual consagrou a sua força criadora, é o homem e o seu destino... Para ele o homem é um microcosmo, o centro do ser, um sol em torno do qual tudo se move". Cf. DOSTOIÉVSKI, F. *Obra completa* (Vol-I). P-59.

O texto das *Memórias do subterrâneo* pode ser considerado como fundamental para a compreensão de toda a complexidade das relações contemporâneas, pois através da figura do *Homem do Subterrâneo*, enquanto uma das maiores criações literárias modernas, temos um desvelamento de todas as correntes cientificas e econômicas, que se revelam como "amorais e irracionais". [48]

O contexto da obra se desenvolve principalmente a partir da oposição entre o Homem do subterrâneo e o homem de ação. O primeiro é aquele indivíduo com consciência clarividente e com um irracionalismo ao extremo, capaz de adentrar as estruturas mais baixas do psiquismo humano, enquanto o segundo é a figura do homem moderno, da ciência (razão) e da verdade.

O homem do subsolo começa a sua desconstrução dos paradigmas da modernidade (como a razão e a moral), a partir do início da obra até a conclusão de suas memórias.

De início considera a medicina como uma superstição do homem moderno, semelhantes às demais ciências, que tratam as pessoas apenas como objetos determinados e que servem apenas, para satisfazerem intenções utilitaristas. Que são egoístas e em vez de ajudar ao homem, torna-o cada vez mais dependente de seus desejos particulares e de suas determinações, que muitas vezes não levam em consideração a vida do indivíduo.

O indivíduo moderno, aquele que tem a "obrigação moral de ser ausente de caráter", para ser aceito e se adequar na sociedade, acredita e segue todas as determinações das ciências, pois, esta é a sua condição para continuar no mundo dominado pela razão. Este ser, portanto, tem como característica marcante a de não questionar qualquer doutrina derivada da mente dos *homens da ciência e da verdade.*

Já o indivíduo do subsolo, mesmo sabendo do poder (o muro) a que ele se contrapõe, não se dá por vencido, e mesmo sabendo das conseqüências de sua ação,

[48] Segundo o maior biografo de Dostoiévski, Joseph Frank, que tem a biografia deste autor considerada a mais vasta biografia em língua inglesa: " A expressão Homem do Subterrâneo tornou-se parte do vocabulário da cultura contemporânea, e essa personagem alcançou hoje em dia(como Hamlet, Dom Quixote e Fausto), a estatura de uma das Grandes criações **literárias arquetípicas**.Cf. FRANK, Joseph. *Dostoiévski: os efeitos da libertação*(1860-1865). P-427.

prefere negá-las. Ele é contra as determinações, pois estas acabaram por tornar o individuo sem identidade perante si mesmo e os outros, sendo uma nulidade no seu cotidiano.

Quer as ciências decidir até mesmo sobre a vida e o pensamento dos indivíduos, pois a indicação de que "nós descendemos dos macacos" não significa apenas que a ciência tenha a intenção de nos ajudar a esclarecer a origem de nossa "possível" existência, mas além de tudo é um desrespeito, tendo em vista que desvaloriza a mínima identificação do individuo como ser pensante, pois a posição do indivíduo ante a essas determinações é de apenas aceitação, e não discussão.

A ciência positiva não pode nunca discernir sobre a vida e a verdade sobre o ser e por isso o ser do subterrâneo prefere exercer sua liberdade como criatura com consciência. Deste modo se opõe a qualquer tipo de opressão causada pela imposição de valores modernos que sejam irracionais e maléficos a humanidade.

Muitas das temáticas desenvolvidas por Dostoiévski e até mesmo a sua grande aceitação na era contemporânea tiveram maior êxito devido ao desenvolvimento de seu romance polifônico, que definiu as novas diretrizes do romance mundial moderno. Esse conceito assinalado pelo crítico literário russo Mikhail Bakhtin, o qual concebe a presença em um mesmo personagem de vozes constantes, consciências diversas e conflitos equivalentes, vai ter relação significativa na tentativa de empreender os seres modernos que devido a sua condição de vida, podem ser caracterizados como indefinidos e indeterminados.

E é essa peculiaridade que vai permitir a Dostoiévski empreender os mais diversos estudos psicológicos, pois ao tratar o individuo a partir de suas varias consciências, faz com que se desdobre toda a personalidade deste. O que vai permitir a sua compreensão do ser humano enquanto essência dinâmica com características que ultrapassam até mesmo as descobertas das ciências, por isto, ele se opõe à pretensão destas, principalmente a de tentar definir os homens, pois isto significa o mesmo que torná-los escravos de suas intenções e, para ele, o homem é um ser livre e embora vivendo em constantes contradições no mundo, busca de maneira constante, a felicidade.

3.2. DOSTOIÉVSKI E A FILOSOFIA DA EXISTÊNCIA[49]

O dinamarquês SØren Kierkegaard (1813-1855) é tido como o prenunciador das principais correntes da Filosofia da Existência, porém, foi toda ela desenvolvida a partir do contexto da primeira metade do século XX, caracterizado por guerras e decadência de valores étnicos e culturais.

Na opinião de Abbagnano[50] a filosofia da existência se apresenta de forma inédita como uma das correntes filosóficas que está ligada diretamente à era moderna, que tem como uma das características dominantes a crise do *otimismo romântico do mundo*[51], ou seja, abandona qualquer determinação de antemão positiva do homem, marcado agora fundamentalmente por sua existência. O existencialismo se afirma enquanto uma visão que é oposta a qualquer princípio infinito, pois considera o homem como um ente finito. O mundo, com suas adversidades, poderão até mesmo fazer sucumbir às possibilidades de existência do homem, levando-o ao fracasso. [52]

Um ponto a ser ressaltado é o da influência da literatura nas mais diversas correntes filosóficas contemporâneas. Dentre elas podemos citar o existencialismo, que desde o seu início, vincula-se diretamente a algumas manifestações literárias, nas quais é colocado como ponto central a vida humana. Dentre os autores que mais se ligam a estas manifestações podemos citar Dostoiévski e Kafka.

Em Dostoiévski, encontramos no todo de suas obras, a preocupação nítida com o ser humano e a sua relação com o mundo que o cerca. Os seres são tratados em suas obras enquanto aqueles que lutam constantemente pela sua vida num mundo cheio de contraste e diversidades, para buscarem a sua realização concreta.

---

49 Insistimos no conceito de **Filosofia da Existência** porque este não se limita ao *Existencialismo* como doutrina sartriana, mas a um painel mais amplo, que abrangeria diferentes autores não propriamente filiados a Sartre.

50 ABBGNANO, Nicolás. ***Historia de la filosofía: la filosofía entre los siglos XIX y XX.*** Trad. de Juan Estelrich y J. Pérez Ballestar. 2ª edición. Barcelona: Montaner y Simón, S.A. Vol.- III. 1978. p-276.

51 Para Abbagnano, esse otimismo romântico do mundo e do homem é uma concepção fundada num Princípio Infinito (Razão, Absoluto, Espírito, Idéia, Humanidade, etc), que por sua vez constitui a substancia do mundo. Garantindo a este e ao homem uma Existência (progresso) infalível. **Cf. Op. Cit., p. 726.**

52 Sendo esta, segundo Abbgnano, a condição para se determinar o estudo da filosofia da existência. Cf. Op. Cit., p. 725.

Na literatura de Dostoiévski a própria vida das personagens nas diversas obras, é tida como um enigma, pois o autor é capaz de levar os personagens às mais diversas e indefinidas situações, fazendo com que sejam confundidos por uma diversidade de sentimentos, porém sem defini-los, limita-los em um ou outro caráter. Ou seja, o escritor faz uso das mais diversas criações para análise dos sentimentos e manifestações humanas.

Um retrato fiel dessa tendência desenvolvida por Dostoiévski encontra-se na obra *Os Irmãos Karamázovi*, última e mais complexa obra de Dostoiévski, na qual encontramos de modo extraordinário a figura do Grande Inquisidor, com seu projeto de tornar os homens escravos e felizes, mas que se curva à prudência e ao silêncio de Cristo, que representa a liberdade fundamental do homem, pois dele procedem os mais significativos sentimentos do indivíduo.

Essa reflexão acerca da liberdade representará um dos conceitos-chave da filosofia existencial. O Existencialismo como escola filosófica surge depois da Segunda Guerra Mundial como reflexo mais fiel das condições miseráveis de destruições materiais e espirituais, nos quais toda à sociedade e principalmente a européia estava inserida. Esta época caracteriza-se por incertezas frente às reconstruções materiais e de garantia a própria sobrevivência e a liberdade como direito universal do indivíduo.

O literato e filósofo francês Jean Paul Sartre (1905-1980), apontado como o mais célebre filósofo da existência[53] e que também teve influência de Dostoiévski, desenvolveu sua literatura a partir de situações humanas dirigidas de modo significativo àquilo que diz respeito à própria problemática radical do homem[54]. Esse sua postura é concedida a partir da pergunta acerca do enfraquecimento das relações entre os indivíduos e da sociedade.

As relações no mundo, segundo ele, encontram-se cada vez mais entrando num estado de profundas incertezas e mazelas de modo generalizado. E na problemática de suas obras, ele pretende principalmente apontar as saídas a partir das idéias do movimento existencialista[55].

---

53 Seu reconhecimento e influência na doutrina do existencialismo dá-se principalmente pela sua plena adesão e defesa a este movimento. Sua presença no movimento é decisiva para a difusão do mesmo além das fronteiras do continente europeu. **Cf.** PENHA, João da. *O Que é o Existencialismo. p-56.*

54 ABBGNANO, **Nicolás**. P-727

55 "Para Abrahão: "Em seus livros, Sartre produziu ainda um pensamento sólido, apto a responder aos impasses herdados pela tradição da filosofia moderna, ou seja, seu trabalho é algo que ultrapassa o

O seu pensamento está contido principalmente na sua celebre obra *O ser e o Nada* de 1943, bem como no ensaio denominado *O existencialismo é um humanismo* (1946), obra que é uma espécie de resumo das idéias da primeira, que tem como objetivo desvendar de vez as doutrinas contidas na primeira obra e que despertaram os mais variados equívocos perante o filósofo e ao movimento, além de defender de forma magistral o existencialismo.

Neste ensaio Sartre cita explicitamente que a frase de Dostoievski: "Se Deus não existisse, tudo seria permitido"[56], é o ponto de partida do movimento existencialista. A possibilidade da não existência de Deus fortalece a doutrina existencialista que pretende conceber o ser humano como ser autônomo, não tendo que justificar suas ações a nenhum ser exterior que não seja a si mesmo.

Esse humanismo existencialista tem como objetivo valorizar a sua particularidade, como ser subjetivo e prático ao mesmo tempo. O homem é tratado aqui como o único e verdadeiro responsável por todas as suas determinações e condutas. O que nos remete, portanto, a noção de que o indivíduo está abandonado por inteiro a si mesmo.

Como conseqüência de seu ateísmo aplicado na filosofia existencialista Sartre atribui ao homem o caráter de ser autônomo, pois a sua existência é colocada de modo anterior a qualquer moral. Ao homem cabe escolher uma moral determinada de acordo com suas próprias deliberações a partir de sua existência. O que, porém, não elimina a responsabilidade do ser humano com o bem comum, mas a condição de liberdade individual liga-se diretamente a liberdade coletiva.

Sartre pretende deixar claro que a pretensão de sua filosofia é a de dar ao homem plena liberdade e colocá-lo livre de qualquer interferência que vise determinar a sua vida e o que o oprima. Para ele: "estamos sós e sem culpas"[57].

A liberdade do homem pregada por Sartre é aquela que constitui a sua própria existência. A própria existência humana já é liberdade e está inserida no próprio ser

simples consolo das inquietações de um momento histórico conturbado" Cf. ANDRADE, Abrahão Costa. *100 anos de Sartre: o pensador do existencialismo ateu.* **Discutindo Filosofia.** São Paulo,nº 1, p.32 -37. Set. 2005.

56 SARTRE, **Jean-Paul**. *O Existencialismo é um Humanismo,* **p.11.**

57 Idem, p. 15.

humano, ao mesmo tempo em que ele é livre essa liberdade constitui a sua existência. Desde o seu nascimento até a morte, na qual cessa a sua existência, o homem é o único responsável por suas ações. Tudo o que ele fizer de bom ou ruim terá como julgamento a sua própria consciência.

A própria condição do ser humano já impõe a sua liberdade, bem como o seu próprio existir que é semelhante. Essa liberdade enquanto constituinte do homem é também aquela que dá sentido primordial ao Ser (aquilo que ele é). As idéias existencialistas de Sartre têm como principal objetivo, esclarecer o homem de sua total responsabilidade pela sua existência. O homem ao escolher seu modo de ação livre, ele projeta toda humanidade a partir de suas escolhas pois essas, só se efetivaram na coletividade onde está sua liberdade.

A liberdade neste caso está totalmente desligada da busca de um ser absoluto, Deus. Para Sartre o homem em todas as suas ações já realiza esse absoluto que é ao mesmo tempo a sua própria existência e que não tem diferença com o "absoluto" [58]. Apreende-se, portanto que o limite para as buscas realizadas pelo o homem é apenas a morte, durante toda sua existência está condenado a ultrapassar-se constantemente para garantir a sua plena liberdade.

A esperança do homem consiste apenas no resultado de suas ações. As suas angústias e sofrimentos decorrentes de sua existência servirão, portanto, para fortalecer a sua humanização no mundo.

Podemos notar que Sartre é, portanto, um dos filósofos existenciais que constrói a sua filosofia sob a perspectiva da não existência de Deus, pois, a colocação do homem como limite para a existência humana faz com que este abandone questões exteriores, como seres absolutos, e explique as suas limitações por si mesmo.

O franco-argelino Albert Camus (1913- 1960) é outro exemplo de escritor que teve dentre as suas influências o escritor russo Dostoiévski, além de a sua literatura estar ligada às questões da filosofia da existência.

---

[58] Para Fragata: "Se objetarmos a Sartre que este dinamismo da ação humana é inconcebível, sem a tendência para um Absoluto, responde, sempre fiel ao seu ateísmo, que cada um de nós realiza o absoluto respirando, comendo, dormindo ou agindo de uma maneira qualquer" Cf. FRAGATA, Júlio. "*Problema de Filosofia Contemporânea*". Pg. 131.

Esta ligação pode ser encontrada de modo significativa na obra *O mito de Sísifo* (1943), na qual a partir do herói mitológico é colocado como representante da *absurdidade da existência humana desequilibrada*[59], sendo esta característica encontrada principalmente nas obras de Dostoiévski, pois seus heróis representam a fragmentação e a indeterminação dos seres humanos, principalmente dos indivíduos modernos, que têm a condição de existência absurda.

Camus ao abordar o problema do suicídio e das investigações da filosofia da existência, as define através das perguntas pelo sentido de se viver neste mundo e porque sair dele. Para ele o mundo é céu sufocante, onde se exige ou que se saia dele ou se continue[60].O que nos remete claramente a perguntar sobre o Ser no mundo onde a sua sobrevivência é constantemente ameaçada.

Por estes e outros motivos, Dostoiévski, a partir da visão camusiana é um autor puramente contemporâneo, pois soube com seus personagens e obras mostrar para todos a condição existencial do homem contemporâneo.

A partir do personagem *Kirílov* do romance *Os Demônios*, Camus remete-nos a uma caracterização geral de que os personagens dostoievskianos são uma representação coerente de todas as determinações da modernidade nas vidas dos seres humanos, bem como podemos apontá-lo como um dos influenciadores diretos da temática da filosofia existencial desenvolvida plenamente depois da Segunda Guerra Mundial. Como podemos notar a partir do Capítulo dedicado ao autor russo. Para Camus:

> Todos os heróis de Dostoiévski se interrogam sobre o sentido da vida. É nisso que eles são modernos: não temem o ridículo. O que distingue a sensibilidade moderna da sensibilidade clássica é que esta se nutre de problemas morais e aquela de problemas metafísicos. Nos romances de Dostoiévski a questão é apresentada com tal intensidade que pode levar a soluções extremas. A existência é mentirosa ou ela é eterna. Se Dostoiévski se satisfizesse com esse exame, seria filosofo. Mais ele ilustra as conseqüências que esses jogos do espírito podem ter numa vida humana e é nisso que ele é artista. [61]

---

59 Idem.

60 "Viver sob esse céu sufocante exige que ou se saia disso ou se continue. Trata-se de saber como, no primeiro caso, se sai, e por que, no segundo, se fica." Cf. **CAMUS, Albert.** *O mito de Sísifo.* p-47.

61 **CAMUS, Albert**. *O mito de Sísifo.* p-126

Podemos empreender que os sujeitos retratados por Dostoiévski, tanto fascinam e contribuíram para a formulação do pensamento Absurdo, desenvolvido por Albert Camus, devido principalmente ao caráter no qual os mesmos se apresentam, como indeterminados e com mais de uma idéia (ou diversas). Esses personagens não têm um caráter definível pelo qual alguém consiga identificá-lo, sem antes fazer uma análise minuciosa.

São modernos (atuais), porque Dostoiévski não os apresenta como prontos, mas como seres inacabados e cada vez mais em busca de identidade para assegurar suas vidas, simples e determinadas por vários fatores estranhos e que o impedem de serem livres.

A citar o caso de Kirílov (dos Demônios), que embora com a idéia do suicídio na cabeça, e com toda a carga de sofrimentos que participa, sabe que o ato que está para se efetivar, será um anúncio para que as pessoas valorizem seus próprios caracteres subjetivos e deste modo à humanidade liberte-se de seus sofrimentos. Acredita ele, portanto, *em se matar por amor a humanidade, e apesar das adversidades, não pode detestar nada"*[62].

Outro ponto a ser ressaltado é a autonomia que cada personagem detêm, pois isto torna os ainda mais identificado com a modernidade, já que faz com que os sujeitos espessem seus vários argumentos para se chegar a um determinado caminho, ou seja, têm liberdade de discutirem.

Essa via pelo qual ele deve atingir um ponto comum, a autonomia, tem como objetivo, o de ser concreto e adequado a suas relações como os outros sujeitos, pois, só assim atingirá aquilo de mais viável para si e para os outros que experimentam as mesmas relações. Essa deve ser tomada por ele próprio para afirmar devidamente a sua conduta enquanto seres concretos.

Dentre os traços fundamentais da filosofia da existência podemos apontar a vivência existencial a partir dos próprios filósofos dessa corrente[63], ou seja, existe uma estrita relação entre o existencialismo e a experiência pessoal de cada filósofo. [64]

---

62 Idem. p-130.
63 BOCHENSKI, I. M. *A filosofia contemporânea ocidental.* **In. *A filosofia da existência. p-154***
64 Bochenski cita Karl Jasper, cuja filosofia aparece enquanto "percepção da fragilidade do ser", em Martin Heidegger, como "experiência da marcha para a morte" e em Dostoiévski – como "fragmentação

A partir dessa primeira característica somos convidados a citar a obra de Dostoiévski, que assim como os demais escritores existencialistas, sua literatura esta toda relacionada ao conhecido termo Schopenhauriano de que "*toda biografia é uma patografia*". Isto é, como podemos detectar na biografia de Camus e Sartre, por exemplo, que tiveram uma existência sempre carregada de acontecimentos ordinários, e que o conjunto de obras estão muitas vezes diretamente relacionadas às suas próprias limitações.

O ponto mais importante tratado por esses filósofos da existência é aquilo que de modo geral é propriamente humano, a existência. Todos eles concebem o homem enquanto o único ser que possui a existência[65]. Para tanto esse homem não detém a sua vida, como condição de ser existencial, mas "*ele é sua existência*"[66].

A sua essência então, se confunde com a própria existência ou o que resulta desta. Para os filósofos da existência, esta é concedida a partir do momento atual e nunca como algo anterior a sua própria vida, mas que surge de maneira livre, tendo em vista as condições favoráveis a sua tematização por um ou outro filósofo.

O que os filósofos da existência colocam em pauta ao tratarem do homem, é sua subjetividade, pois o entendem enquanto aquela capaz de dar sentido à própria vida, ou seja, a sua liberdade de criar-se a si mesmo.

Por considerarem o homem a partir da idéia de imperfeição e como ser fragmentado, os existencialistas detêm a essência do homem como resultado de sua estreita relação com o mundo e com os outros. Como resultado dessas relações, temos por um lado, a incerteza do viver no mundo e por outro, a ligação direta entre os homens, *que para eles constitui o ser próprio da existência*[67].

Os existencialistas valorizam de modo especial a vivência cotidiana do indivíduo, pois nesta, segundo eles, se encontra toda a forma de conhecimento. O domínio das questões filosóficas não pode ser encontrado na capacidade intelectivo do sujeito, mais a

---

e indeterminação do ser".

65 Bochenski. P-155.

66 Idem.

67 Para Bochenski, este é o sentido da "Coexistência" (*Mitdansein)* de Heidegger, da "comunicação" (*Kommunikation)* de Jaspers e do "tu" (*toi)* de Gabriel Marcel. Cf. p. 155.

partir das vivências angustiantes e frágeis da realidade, [68] pois, assim como na obra de Dostoiévski são estas situações da existência que revelam os verdadeiros caracteres do Ser.

---

[68] Vivência esta na qual o homem foi jogado, tendo como destino à morte (Heidegger).

CONCLUSÃO

Ao finalizarmos este trabalho, muitas considerações devem ser dirigidas acerca da obra de Dostoievski: as discussões e problemas que nortearam este trabalho, bem como os ensinamentos advindos de seu caráter de escritor, pensador, profeta ou artista, como podemos chamá-lo.

Ao longo do desenvolvimento de todo o projeto monográfico, pudemos detectar que os nossos conhecimentos das obras e das discussões levantadas tendo como referencial este pensador russo ainda eram muita vagas e que com o tempo foram aperfeiçoando-se.

Ao desenvolvemos este trabalho várias foram às oportunidades de descobertas, acerca da obra de Dostoievski. Dentre elas, a de que os romances (e, portanto os personagens) enquanto polifônicos, são um marco na literatura moderna, pois diferentemente dos romances tradicionais (em que temos os personagens como criações determinadas pelo autor da obra), os personagens de Dostoiévski são indeterminados e possuem autonomia em relação ao autor, além de serem carregados de idéias diversas e constantes, o que os torna portadores de doutrinas diversas, e equivalentes entre si.

As discussões de Dostoiévski acerca dos sistemas morais e religiosos nos quais os homens estão submetidos são outro campo que fascina as mentes de vários estudiosos. Deste modo então, passamos a considerar por nossos próprios esforços a validade da idéia, já corrente entre muitos estudiosos, de que Dostoiévski ultrapassa em importância a ordem da literatura, pois todas as suas obras têm o caráter peculiar de adentrar em profundidade na personalidade dos seres que ele aborda. O que o torna um grande conhecedor da alma humana e das várias manifestações do individuo.

O todo de suas obras, por ser constituído da colocação do ser humano como centro, permite a este ser colocado como um dos precursores mais eminentes da filosofia da existência aqui abordada. E não somente desta, mas de diversas correntes que envolvem outros campos do pensamento humano a partir da era contemporânea, como a psicanálise e o surrealismo.

Sendo a complexidade existencial dos seres humanos o centro de suas atenções desde a sua primeira obra, *Pobre Gente*, ele continua a adentrar as mentes de seus leitores visando conscientizar através destes toda a humanidade para o respeito ao próximo e á vida humana de maneira incondicional.

O contacto com a figura do *"homem do subsolo"*, presente nas suas *Memórias do subterrâneo*, nos mostra claramente a sua repugnância frente às ciências e à razão instrumental, quando colocadas acima dos sujeitos, porém ao mesmo tempo nos dá uma esperança de que deve o homem ser valorizado, como um ser universal. Sua intenção com a criação dessa figura magnífica é a de destruir todo tipo de determinação ou dogma das ciências e da moral, que se apresenta enquanto alienadora do homem e impeça que ele seja considerado como ser pensante.

Ao lançar sua voz subterrânea contra toda espécie de dogmas das ciências, o Homem do subsolo, denuncia o modo trágico no qual se encontrava o homem de seu tempo e que hoje está cada vez mais acentuado: a desvalorização do ser, submetido a sistemas modernos que o escravizam e roubam sua consciência, impedindo-o de ser livre.

Dostoiévski assume as vidas dos seres humanos, em sua complexidade, no todo de suas obras. Para ele, são sempre os humilhados de seu tempo e dos lugares que conheceu os portadores das melhores respostas necessárias ao esclarecimento da condição de vida dos indivíduos ofendidos pelos sistemas sociais, ofensas que na modernidade se perpetuam.

Este caráter de sua obra, como se pode destacar vai ter uma grande influência no pensamento de vários autores dos séculos XIX e XX, tais como Nietzsche, Sartre e Camus, que apreendem Dostoiévski enquanto um dos maiores artistas de todos os tempos, capaz de fazer as maiores e mais importantes descobertas no campo da personalidade humana. A ampla afirmação de Dostoiévski com as doutrinas dos filósofos da existência se dá, pelo fato de que todos pretenderem valorizar o ser humano a partir do que ele tem de mais caro, que é a sua existência no mundo.

A sua filosofia se apresenta nas obras, portanto, enquanto aquela capaz de buscar a verdade através do combate a todos os movimentos, costumes, e doutrinas sociais ou filosóficas, que tenham o caráter de tornar maléfica a vida das pessoas, e principalmente a vida daqueles humilhados e ofendidos pela suas condições na sociedade.

Pela experiência desse trabalho podemos afirmar que será difícil alguém continuar tendo os mesmos preconceitos e visões equivocadas após uma leitura profunda das obras de Dostoiévski, pois ele tem a capacidade, e que parece uma mágica, de adentrar nas mais profundas discussões sobre o mundo e as pessoas com um infra-realismo que capta as mais diversas sensações dos nossos sentidos.

Podemos dizer que este trabalho, e todas as discussões aqui suscitadas nos levaram a uma verdadeira reflexão de nossa realidade e de nossa condição. Adentrar nas obras de Dostoiévski é acima de tudo querer descobrir-se a si mesmo, os próprios limites da nossa personalidade e da condição existencial de cada um, sempre começando pelo nosso *Sósia* para depois atingir os caracteres múltiplos de nossa personalidade.

BIBLIOGRAFIA

ABBGNANO, Nicolás. *Historia de la filosofia: la filosofia entre los siglos XIX y XX;* Trad. Juan Estelrich y J. Pérez Ballestar. 2.ªed. Barcelona: Montaner y Simóm, S.A. (Vol. – III)

ANDRADE, Abrahão Costa. "100 Anos de Sartre: o pensador do existencialismo ateu". In: Discutindo Filosofia. São Paulo. Nº1. p-31-37, Set. 2005.

BOCHENSKI, I. M. *A filosofia contemporânea ocidental;* trad. Antônio pinto de Carvalho. 2.ªed. São Paulo: Editora Herder São Paulo, 1962.

Schnaiderman, Boris. *Turbilhão e semente: ensaios sobre Dostoiévski e Bakhtin.* São Paulo: Duas cidades, 1983.

BAKHTIN, Mikhail. *Problemas da Poética de Dostoiévski;* trad.Paulo Bezerra. Rio de Janeiro: Forense Universitária, 1997.

CAMUS, Albert. *O mito de Sísifo;* trad. e apresentação de Mauro Gama. Rio de Janeiro: Editora Guanabara, 1989.

DOSTOIÉVSKI, Fiódor M. *Obras Completas em quatro volumes;* trad. Natália Nunes e Oscar Mendes. Rio de Janeiro: Nova Aguilar, 1985.

_______________. *Obra completa* (Vol.II); trad. Lêdo Ivo. Rio de Janeiro: Editora José Olympio, 1967.

FOGEL, Gilvan. *A Determinação do espírito de vingança.* Uma História da Filosofia. Rio de Janeiro. Vol.-IV.p-113-155, 1990.

FRAGATA, Júlio. *Problemas da Filosofia Contemporânea.* - Braga: Publicações da Faculdade de Filosofia da UCP, 1989.

FRANK, Joseph. *Dostoiévski: as sementes da revolta* (1821-1881); trad.Vera Pereira. São Paulo: Edusp, 1999.

________________. *Dostoiévski: Os efeitos da libertação* (1860-1865); trad. Geraldo Gerson de Souza. São Paulo: Edusp, 2002.

GOMIDE, Bruno Barreto. *Uma Prosa do Tamanho da Rússia.* Entre Livros. São Paulo. Nº 4. p-32-50, 2005.

IVANOVITCH, Serge. *Maravilhas do Conto Russo;* trad. T. Booker Washington. São Paulo: Editora Cultrix, 1958.

MORAIS Regis de. *Dostoiévski: o operário dos destinos.* 2ª.ed. São Paulo: Editora Brasiliense, 1982.

NOGUEIRA, Hamilton. *Dostoiévski: crítica e interpretação.* 2.ªed. Rio de Janeiro: José Olympio editora, 1974.

PENHA, João da. *O Que é Existencialismo.* 10.ª ed. São Paulo: Editora Brasiliense, 1990. (Primeiros passos).

PESSANHA, Rodolfo Gomes. *Dostoiévski: ambigüidade e ficção.* Rio de Janeiro: Civilização Brasileira, 1981.

PONDÉ, Luiz Felipe. *Crítica e Profecia: a filosofia da religião em Dostoiévski.* São Paulo: Editora 34, 2003.

ROSA, Virgínio Santa. *Dostoiévski: um cristão torturado.* Rio de Janeiro: Civilização Brasileira/INL, 1981.

SARTRE, Jean-Paul. *O Existencialismo é um humanismo;* trad. Vergílio Ferreira. São Paulo: Abril Cultural, 1973.

Printed by Books on Demand GmbH, Norderstedt / Germany